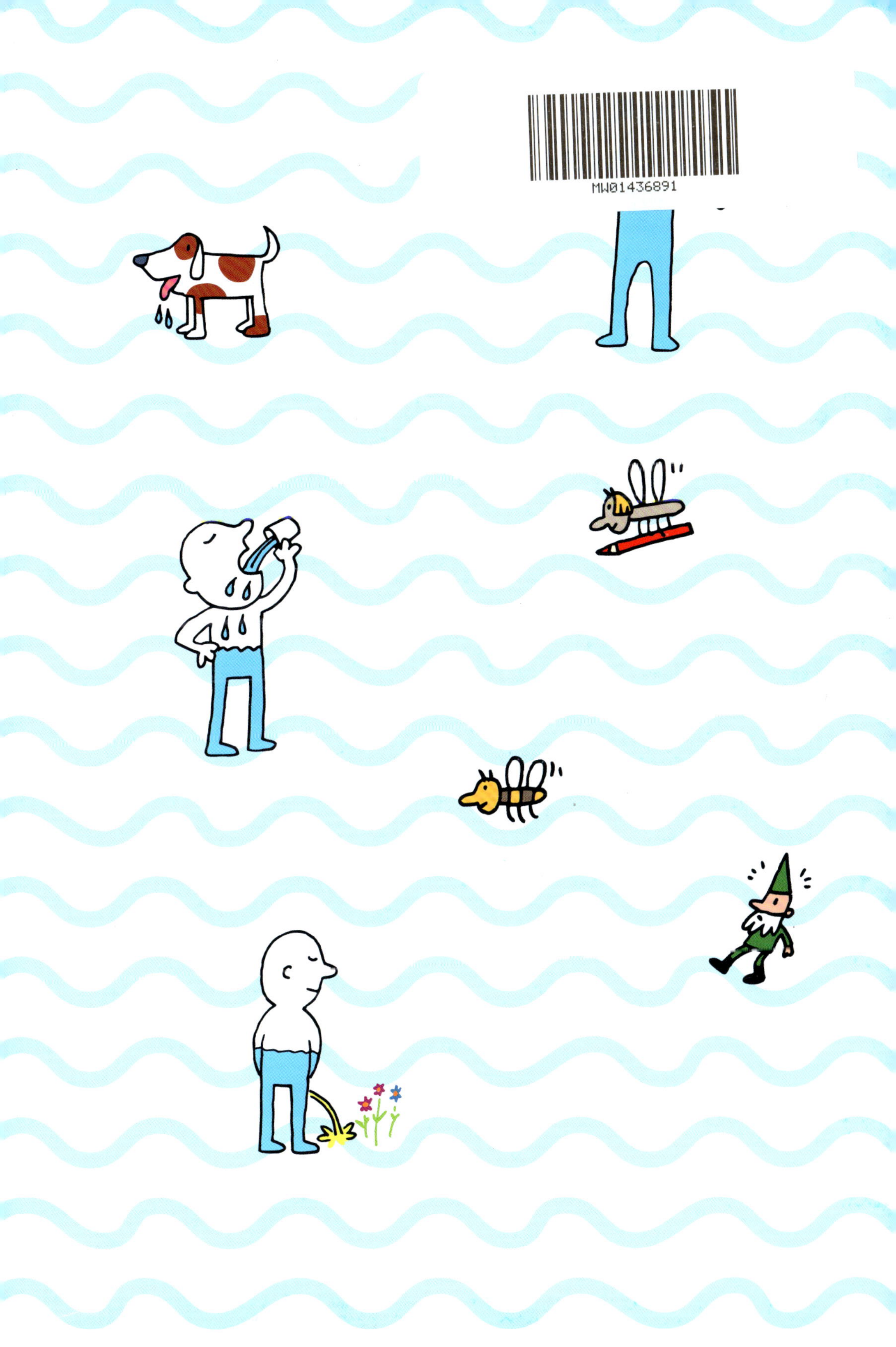

Editing: Elena Orlandi
Impaginazione: Sara Storari

www.battelloavapore.it

Pubblicato per PIEMME da Mondadori Libri S.p.A.
I Edizione 2015
Nuova edizione 2021
© 2015 - Edizioni Piemme S.p.A., Milano
© 2021 - Mondadori Libri S.p.A., Milano
ISBN 978-88-566-8050-8

Anno 2022-2023-2024   Edizione 6 7 8 9 10 11 12 13 14 15

ELCOGRAF S.p.A. - Via Mondadori, 15 - Verona

IL BATTELLO A VAPORE

AGOSTINO TRAINI

IL FANTASTICO VIAGGIO
NEL CORPO UMANO

PIEMME

AGO HA LA FEBBRE E SUDA.
«NIENTE DI GRAVE» DICE LA DOTTORESSA GINA.
«HAI UN PO' DI INFLUENZA. RIPOSATI E RICORDATI
DI BERE MOLTO. L'ACQUA TI AIUTERÀ A RIPULIRE
IL TUO ORGANISMO.»

POVERO, AGO!

VEDIAMO COSA C'È QUI DENTRO...

IO DOVREI USCIRE!

UNA MELA AL GIORNO...

GINA SE NE VA MENTRE PINO PORTA DA BERE
AL SUO AMICO.
«SU CON LA VITA!» DICE IL SIGNOR ACQUA. «SONO
VENUTO A FARTI COMPAGNIA.»
«GRAZIE, MI ANNOIAVO UN PO' QUI NEL LETTO
DA SOLO» RISPONDE AGO.
«POSSO ANCHE AIUTARTI A GUARIRE!»

ECCO QUA!

HO CAPITO, LA FACCIO QUI!

CHE SCHIFO!

AGO È CONTENTO DI VEDERE IL SIGNOR ACQUA,
MA NON RIESCE A CAPIRE COME POSSA AIUTARLO
CON LA SUA INFLUENZA, LA SUA FEBBRE
E IL SUO SUDORE.

STAI SUDANDO COME UNA FONTANA!

È VERO!

«NON SAI PROPRIO NIENTE» RIDE IL SIGNOR ACQUA.
«BEVIMI E TI RACCONTO COSA TI SUCCEDE DENTRO.»
«VA BENE» DICE AGO E BEVE UN BEL BICCHIERE
D'ACQUA. «VOGLIO PROPRIO VEDERE!»

BRAVO, BEVI!

AHI!
MI SCOTTI
LE ZAMPE!

MI TUFFO!

PIANO PERÒ...

IL SIGNOR ACQUA SCOMPARE NELLA BOCCA DI AGO, SCIVOLA SULLA LINGUA E PRECIPITA NELL'ESOFAGO. «MI SENTI?» GRIDA. «STO FACENDO UNA BELLA CASCATA VERSO IL TUO STOMACO!»

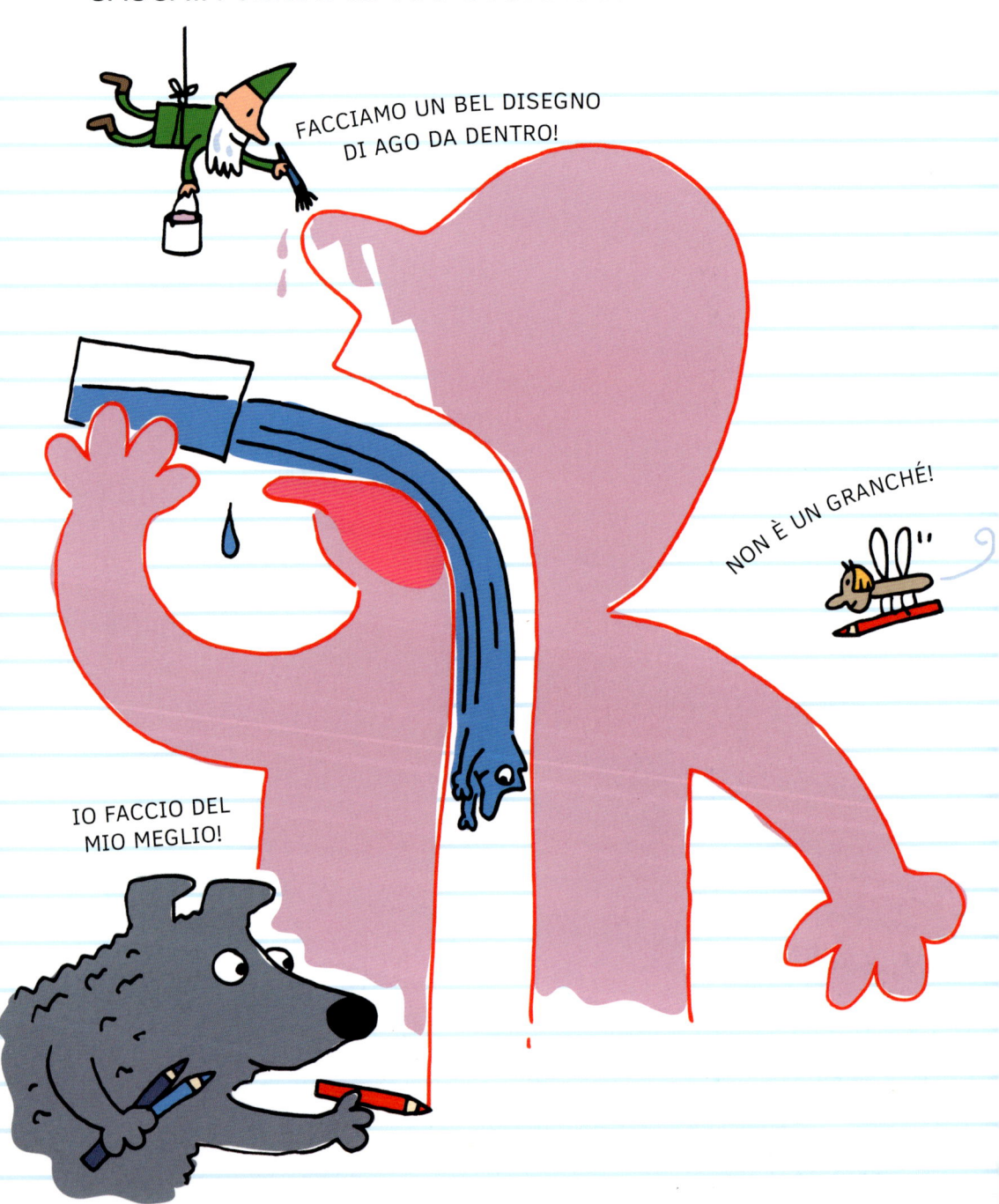

FACCIAMO UN BEL DISEGNO DI AGO DA DENTRO!

NON È UN GRANCHÉ!

IO FACCIO DEL MIO MEGLIO!

LA VOCE DEL SIGNOR ACQUA RIMBOMBA
DENTRO AGO.
TUTTI SI AVVICINANO PER SENTIRE MEGLIO.
«SONO NELLA TUA PANCIA» GRIDA IL SIGNOR ACQUA.
«O MEGLIO: NEL TUO ESOFAGO!»

EHI!
C'È DAVVERO QUALCUNO
NELLA MIA PANCIA!

MI SENTITE?

CHE ROBA!

INTERESSANTE!

VIENI SUBITO, NON
SAI COSA TI PERDI

L'ESOFAGO È UNA SPECIE DI TUBO CHE FINISCE NELLO STOMACO. DA LÌ PASSA TUTTO IL CIBO CHE SI MANGIA. IL SIGNOR ACQUA INCONTRA I SUCCHI GASTRICI CHE CERCANO DI DIGERIRE LA MERENDA DI AGO, MA C'È POCO LIQUIDO.

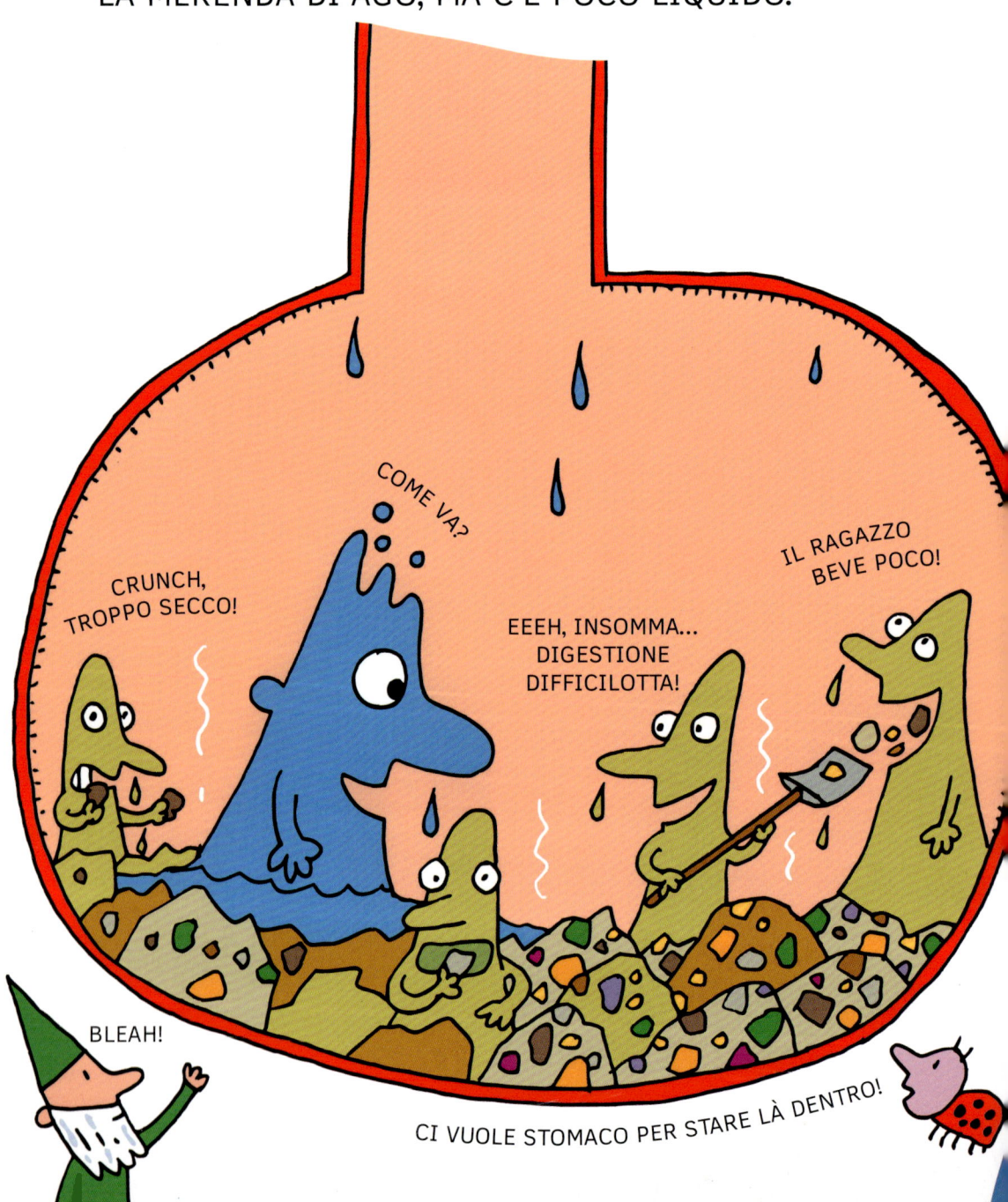

CRUNCH, TROPPO SECCO!

COME VA?

EEEH, INSOMMA... DIGESTIONE DIFFICILOTTA!

IL RAGAZZO BEVE POCO!

BLEAH!

CI VUOLE STOMACO PER STARE LÀ DENTRO!

«EHI AGO, MANDA GIÙ ALTRA ACQUA CHE QUI DOBBIAMO FARE PULIZIA. ULTIMAMENTE HAI MANGIATO UN BEL PO' DI SCHIFEZZE!» GRIDA IL SIGNOR ACQUA DALLO STOMACO.
SONO TUTTI MOLTO EMOZIONATI DI ASSISTERE IN DIRETTA ALLA DIGESTIONE.

HAI SENTITO? BEVI!

EH, EH, EH!

SBRIGATI, PIGRONE!

CHE TI DICEVO?

UNA COSA MAI VISTA!

AGO SI STA DIVERTENDO UN MONDO A SENTIRE
COSA FA IL SIGNOR ACQUA DENTRO IL SUO CORPO
E VUOLE FARGLI UNO SCHERZO: PRENDE LA CARAFFA
E LA VUOTA IN UN BALENO.
«VEDIAMO COME TE LA CAVI ADESSO!» PENSA AGO.
MA BEVE TROPPO IN FRETTA
E L'ACQUA FINISCE FUORI STRADA.

MA CHE FAI?

ESAGERATO!

NON SI FA!

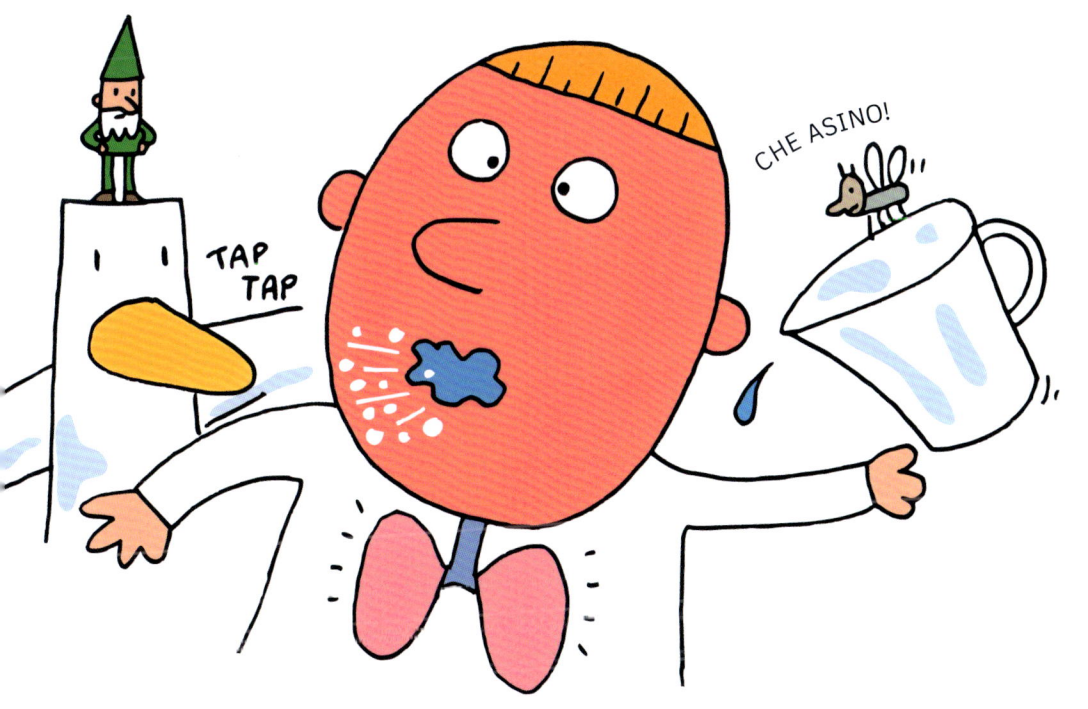

AGO SI STROZZA E SI METTE A TOSSIRE.
«HO DETTO NELLO STOMACO! NON NEI POLMONI!»
GRIDA IL SIGNOR ACQUA.
I SUCCHI GASTRICI VENGONO TRAVOLTI DALLA CASCATA.

SE SI BEVE LA GIUSTA QUANTITÀ D'ACQUA,
LA DIGESTIONE È PIÙ FACILE E I SUCCHI GASTRICI
RIESCONO A FARE BENE IL LORO LAVORO.

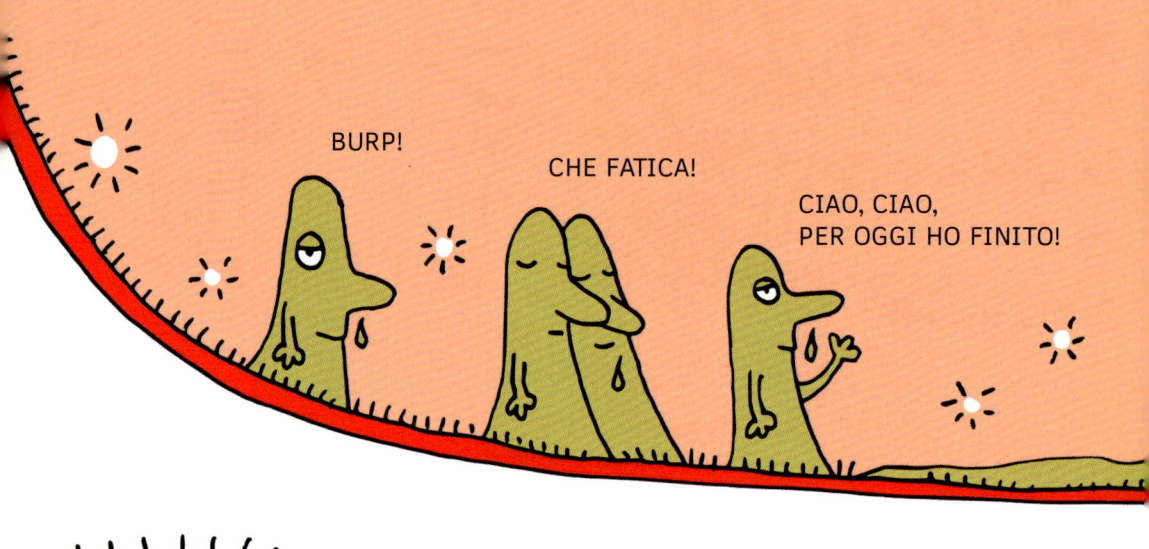

BURP!

CHE FATICA!

CIAO, CIAO,
PER OGGI HO FINITO!

MI SENTO PIÙ LEGGERO!

LO STOMACO
È A POSTO!

E ORA ASPETTIAMO LA CENA!

IL SIGNOR ACQUA SALUTA I SUOI NUOVI AMICI
E SPINGE QUEL CHE RESTA IN UN ALTRO TUBO.
«E ORA CHE SUCCEDE?» DOMANDA AGO.
LA RISPOSTA DEL SIGNOR ACQUA ARRIVA
RIMBOMBANDO DALLA PANCIA: «VADO ANCORA
PIÙ GIÙ, CI SENTIAMO TRA POCO».

IL SIGNOR ACQUA AFFRONTA LE CURVE DELL'INTESTINO, PORTANDOSI DIETRO QUEL CHE RESTA DEL CIBO.
«EHI, SIGNOR ACQUA, SEI GIÀ ARRIVATO AL MIO SEDERE?» CHIEDE AGO.

CHE VIAGGIONE!

DALLA PANCIA ARRIVA UNA GRANDE RISATA:
«SAI QUANTO È LUNGO L'INTESTINO?
DEVO CAMMINARE MOLTI METRI E A OGNI PASSO
LE PARETI MI ASSORBONO IN PARTE. SE MI VEDESSI
NON MI RICONOSCERESTI PIÙ».

SEMI DI MELA!

ANCHE NOI GATTI ABBIAMO L'INTESTINO?

IMPRESSIONANTE!

PROPRIO COSÌ!

«SAI CHE FINISCO ANCHE NEL SANGUE?» BORBOTTA IL SIGNOR ACQUA. «BEVENDO LA GIUSTA QUANTITÀ D'ACQUA IL SANGUE RIMANE FLUIDO E MENTRE IL CUORE BATTE, RIESCE A SCORRERE, ATTRAVERSO VENE E ARTERIE, IN OGNI ANGOLO DEL CORPO.» QUESTA AGO PROPRIO NON LA SAPEVA...

BUM!
BUM!
BUM!

AGO IMMAGINA IL SIGNOR ACQUA VESTITO DI ROSSO
CHE SE NE VA A SPASSO PER TUTTO IL CORPO
COME SULLE MONTAGNE RUSSE.
IL CUORE RIDE E DICE: «NATURALMENTE
IL SANGUE NON È ACQUA COLORATA,
È MOLTO PIÙ COMPLICATO».

BUM!

BUM!

AGO SI SENTE CHIAMARE DA TUTTE LE PARTI.
A QUANTO PARE IL SIGNOR ACQUA È DAPPERTUTTO!
«MA COME FARAI A USCIRE?» GLI DOMANDA AGO.
«NON SARÀ UN PROBLEMA» RIDE LUI. «PRIMA PERÒ
DEVO PASSARE DAI RENI.»

SONO NEL TUO FACCIONE

SONO NEL NASO

SONO NELLA PELLE

SONO NEL BRACCIO

SONO NEL PIEDE

SONO NELLA GAMBA

IL CORPO UMANO

LA SUA VOCE STAVOLTA VIENE DA UN PUNTO
DELLA PANCIA MOLTO IN BASSO.
PINO HA PRESO UN LIBRO CON I DISEGNI DEL CORPO
UMANO E SI VEDONO ANCHE I RENI.
«C'È SCRITTO CHE FILTRANO IL SANGUE E PRODUCONO
LA PIPÌ» DICE PINO.

A TRA POCO!

ORA VA NELLA VESCICA

«ASPETTA UN ATTIMO, FACCIO UNA COSA E TORNO!»
IL SIGNOR ACQUA RIDE: «MI SA CHE VA A FARE PIPÌ».
AGO NON CAPISCE COME ABBIA FATTO A INDOVINARE.

TI ACCOMPAGNO!

IL SIGNOR ACQUA È UN PO' GIALLINO MA È SEMPRE LUI.
«SONO GIALLO PERCHÉ HO RIPULITO IL TUO CORPO,
PIÙ ACQUA BEVI PIÙ LA PIPÌ DIVENTA TRASPARENTE»
DICE IL SIGNOR ACQUA.

CHE SORPRESA!

AH, TU LA FAI QUI...

IL SIGNOR ACQUA SPIEGA AI SUOI AMICI CHE IL CORPO È FORMATO IN GRAN PARTE DA LUI. L'ACQUA ESCE DAL CORPO IN TANTI MODI: TRASPIRANDO ATTRAVERSO LA PELLE, SUDANDO, FACENDO PIPÌ. «ANCHE QUANDO PIANGI» AGGIUNGE

E CON LA FEBBRE SI SUDA MOLTO!

CHE BRAVO, IL SIGNOR ACQUA!

IL SIGNOR ACQUA. «E SICCOME NEL CORPO DEVE ESSERCENE SEMPRE TANTA, BISOGNA FAR RIFORNIMENTO, BEVENDO E MANGIANDO FRUTTA E VERDURA.»
«ORA HO CAPITO!» DICE AGO.

LA FEBBRE È PASSATA E AGO È GUARITO.
DA QUEL GIORNO TUTTE LE MATTINE,
APPENA SVEGLIO, BEVE UN BICCHIERE D'ACQUA
E ANNAFFIA ANCHE LE PIANTE.
«BRAVO, AGO» DICE IL SIGNOR ACQUA. «TUTTI GLI
ESSERI VIVENTI HANNO BISOGNO DI BERE.»

VAI A BERE UN BICCHIER D'ACQUA ANCHE TU!

SLAP, SLAP!

E ORA GIOCA CON IL SIGNOR ACQUA

IMPARERAI TANTE COSE NUOVE,
DIVERTENTI E CURIOSE,
SUL MONDO CHE TI CIRCONDA.

FATTI UNA BELLA SPREMUTA

COSA TI SERVE:

- SPREMIAGRUMI
- LIMONI E ARANCE 
- COLTELLO A SEGHETTA
- BICCHIERI 
- UN ADULTO  
- ACQUA
- AMICI ASSETATI

DIFFICOLTÀ

1 PRIMA DI TAGLIARE ARANCE E LIMONI SCHIACCIALI UN PO' TRA LE MANI. USCIRÀ PIÙ SUCCO!

2 CON L'AIUTO DI UN ADULTO, TAGLIA A METÀ UN LIMONE.

3 SPREMI TUTTO IL SUCCO.

4 VERSA IL SUCCO DEL LIMONE FINO A RIEMPIRE METÀ BICCHIERE, RIEMPI DI ACQUA ED ECCO DELLE MERAVIGLIOSE LIMONATE.

5 PUOI MISCHIARE SUCCO DI LIMONE E DI ARANCIO, CON ACQUA O SENZA. TROVA TU LA SOLUZIONE CHE TI PIACE DI PIÙ.

E QUANDO VERRÀ L'ESTATE MANGIA IL COCOMERO!
È IL FRUTTO CHE CONTIENE PIÙ ACQUA.
UN DETTO DICE "CON IL COCOMERO SI MANGIA,
SI BEVE E CI SI LAVA LA FACCIA".

IL BICCHIERE FA LA PIPÌ!

COSA TI SERVE:

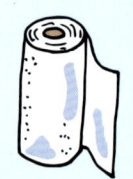

- CARTA DA CUCINA
- DUE BICCHIERI TRASPARENTI 
- UN GROSSO LIBRO 
- ACQUA 
- TERRA, CAFFÈ, INCHIOSTRO... 

DIFFICOLTÀ

1  PRENDI DUE QUADRATI DI CARTA DA CUCINA. ATTORCIGLIALI IN MODO DA FARNE UNA SPECIE DI TRECCIONE.

2 RIEMPI DI ACQUA UN BICCHIERE E SPORCALA CON QUELLO CHE VUOI.

3

APPOGGIA IL BICCHIERE PIENO SU UN GROSSO LIBRO, IN MODO CHE SIA PIÙ IN ALTO DI QUELLO VUOTO E METTI LA TRECCIA DI CARTA IN MODO CHE PASSI DA UNO ALL'ALTRO.

4

ORA BISOGNA AVERE PAZIENZA. LA TRECCIA DI CARTA ASSORBE L'ACQUA SPORCA E PIANO PIANO INIZIA A GOCCIOLARE NEL BICCHIERE VUOTO.

5

DOPO QUALCHE ORA VEDRAI CHE IL BICCHIERE IN BASSO SI È RIEMPITO DI ACQUA LIMPIDA. LE FIBRE DELLA CARTA HANNO FILTRATO LO SPORCO LASCIANDO PASSARE SOLO L'ACQUA.

UNA COSA SIMILE ACCADE ANCHE NEL TUO CORPO!

CHI È AGOSTINO TRAINI?

SONO NATO NEL 1961 MA QUANDO ERO PICCOLO NON SAPEVO CHE...

...DA GRANDE AVREI FATTO IL CREATORE DI LIBRI ILLUSTRATI.

PER CREARE UN LIBRO BISOGNA PRIMA PENSARE PER FARSI VENIRE UNA BELL'IDEA.

DI SOLITO A ME VENGONO IN MENTE PERSONAGGI DIVERTENTI...

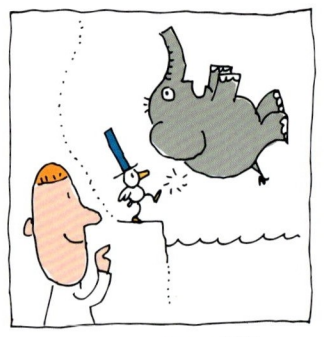

...E SITUAZIONI STRAMPALATE...

...MA A VOLTE NON MI VIENE IN MENTE NIENTE!

INVECE QUANDO L'IDEA ARRIVA COMINCIO A DISEGNARE TUTTE LE SCENE DEL LIBRO, PRIMA CON LA MATITA E POI CON L'INCHIOSTRO NERO;

A QUESTO PUNTO DEVO COLORARE TUTTE LE SCENE. A VOLTE COLORO CON I PENNELLI E GLI ACQUERELLI...

...A VOLTE INVECE USO IL COMPUTER. QUESTO LIBRO PER ESEMPIO È COLORATO COSÌ.

QUANDO, DOPO TUTTO QUESTO LAVORO, IL MIO LIBRO VIENE STAMPATO E ARRIVA NELLE LIBRERIE, SONO MOLTO CONTENTO.

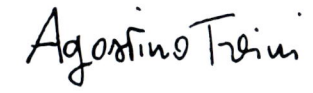

Agostino Traini

PS: SE VOLETE POTETE SCRIVERMI QUI:
agostinotraini@gmail.com

IL MONDO DEL Signor Acqua

UNA SERIE PER SCOPRIRE IL MONDO E I SUOI MISTERI IN COMPAGNIA DEL SIGNOR ACQUA E DEI SUOI AMICI

IL FANTASTICO VIAGGIO DEL SIGNOR ACQUA

CHE FINE HA FATTO LA SIGNORA ARIA?

IL SOLE SI METTE IL PIGIAMA

COM'È NATO IL SIGNOR ALBERO

LE STAGIONI FANNO IL GIROTONDO

I CINQUE SENSI GIOCANO A NASCONDINO

CHE BEI COLORI, SIGNOR ACQUA!

IL VULCANO È UNA TESTA CALDA

BUON LAVORO, SIGNOR ACQUA!

GITA ALLA FATTORIA

IL GIRO DEL MONDO CON IL SIGNOR ACQUA

STORIE ATTORNO AL SIGNOR FUOCO

A SCUOLA DI TEMPESTA

IL FANTASTICO VIAGGIO NEL CORPO UMANO

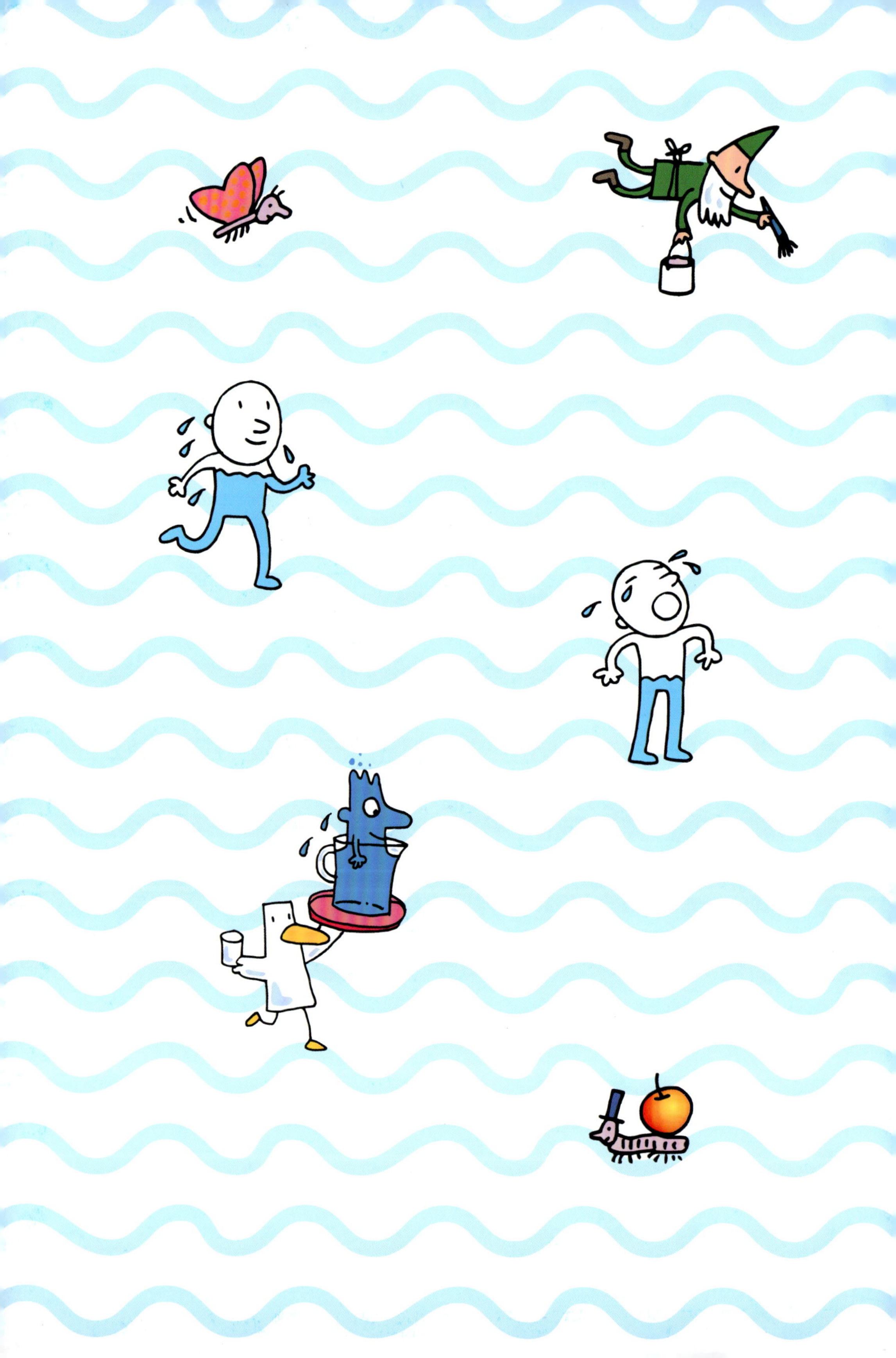